INDEX

Workshop/Event	Date	Page

INDEX

Workshop/Event	Date	Page

THANK YOU

A word of appreciation.

As a teacher myself, I know the determination and commitment it takes to pursue education as your calling in life. Patience, kindness and a good dose of enthusiasm (not to mention coffee) is in your DNA. You see your students as a gift and a privilege to teach, and you learn from them every day.

I bet you don't know it, but you are a gift to them, too. You are a rock star, a role model, a nurturer, nurse and coach. You inspire your students and only want the best for them, and that can mean late nights marking, lunch times mediating, Sunday afternoons planning, and weekend professional learning.

All your hard work doesn't go unnoticed and it *does* make a difference. I promise. One day you'll bump into that student who kept you up worrying at night and they'll be all grown up and living a happy, fulfilling life. Trust me. I've been there. What better reward could there be than that?

Keep inspiring, growing and making a difference.

Thank you.

Lisa Kalma
Brindie Books

P.S: If you found this journal to be a useful tool during your school year and you want to see more, you can find other helpful teacher tools made for people just like you on my website at **www.lisakalma.com** or **amazon.com/author/brindie**. I'd also love your feedback! You can leave a review on Amazon or email me at **lisakalmawrites@gmail.com**. ☺

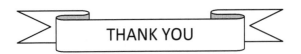

29621517R00093

Printed in Great Britain
by Amazon